Klaus Ebner

Forats

Poesia

amb un pròleg d'Aina Torres Rexach

© del text: Klaus Ebner, 2020 – www.klausebner.eu
© del pròleg: Aina Torres Rexach, 2020 – www.ainatorres.cat
Disseny i maquetació: Klaus Ebner, a partir d'un
dibuix de Noupload a Pixabay – www.pixabay.com
© fotografies (cobertura): Klaus Ebner i Aina Torres Rexach
Edició i impressió per BoD – Books on Demand, Norderstedt, RFA
BoD España, Madrid – www.bod.com.es
Printed in the European Union
ISBN: 978-84-13262895

Pròleg

Aina Torres Rexach

Prepara't per fer un viatge. Espera't uns segons aquí on ets. No et moguis. Aviat arribarà una roda. Hauràs d'enfilar-te a dalt. I deixar-te portar. Ja ve. La veus? Puja. De pressa, la roda comença a girar.

Avances. Hi ha estrelles per tot arreu. N'hi ha de grans i de petites. Alguna és minúscula i fa una llumeta com de boirina. Les més grans semblen un far en la nit més fosca. De sobte sents un sotrac. És un forat. Negre. Mires a dins: «*concentrar-me en mi mateix / ullar per un forat dins la muralla interna*». T'hi veus a tu, uns anys enrere, en la teva infantesa. Allà on comença tot. Al carrer de casa. Hi ha els jocs de corda i els genolls plens de pols. Els llavis de xocolata i el temps de somniar. «*em caldrà un ímpetu inesperat / i la voluntat ferma / per a recordar la / infància*».

Continua el viatge. Ara t'envolten planetes. Vermells, blaus i grocs. El cel sembla un jardí de colors encesos. De nou un sotrac. És la segona parada. Veus un altre forat i mires a través. Aquesta vegada hi veus el teu país, la teva terra. Allà on vas créixer i la que algun dia t'acollirà. «*la relativitat és la boca d'una ampolla / que empraré per ficar-hi tot l'inconegut / del meu passat i del futur / del passat i del futur dels pobles*».

Segueixes. La roda es torna a moure. Fa camí. Gira, volta… I una nova batzegada. Aquesta és més potent. Hi

ha un altre forat. Més gran i més negre: «*la raó entendrà
l'estel central / el forat negre / que m'esperarà al baricen-
tre del poemari / dins el nucli de la llengua / lliure de
tota paraula / una pàgina verge que no tocaré mai*». Ara
et trobes al punt mitjà. Al centre d'aquest viatge.

Agafa't fort. La roda va més de pressa. Accelera. Es des-
boca. Gairebé va a galop. Sents una explosió. Un gran
terrabastall. Fosc total. La plena nit. Uns instants… i de
nou la llum. Una llum que forada el cel. Aixeques els
ulls. El teu voltant és ple de paraules. S'expandeixen.
Exploten. Xoquen. Formen versos. Creen nous poe-
mes. Fúria. Soroll. Impacte! I després, el silenci.

Normalment aquí acabaria el teu viatge. Però aquesta
vegada no és així. El Klaus Ebner ha decidit posar-te en
un univers oscil·lant. Un univers cíclic. El poeta ha volgut
usar paraules encadenades perquè aquest viatge con-
tinuï per sempre. De mot en mot.

El Klaus t'ha preparat un camí de versos que volen insi-
nuar. «*tanquí els ulls sabent / que havia enriquit l'interior
amb omissions*». Que volgudament no ho diuen tot per-
què el poeta sap que l'omissió, al capdavall, també és
un forat. I ho fa amb Paul Celan i Rose Ausländer com
a brúixoles. El Klaus t'ha organitzat un viatge amb po-
emes que busquen noves perspectives: «*aquest buit
negre / em dugué lentament i amb molta cura / a la pèr-
dua de remordiments / i cap a una nova mirada*

ampliada». T'ha preparat un trajecte de forats plens. Un itinerari amb versos que són final i alhora principi: «*reconèixer* alguna cosa *dins el no-res / val la formació contínua de galàxies / endevinar l'inconegut / significa una aproximació a l'origen*». El Klaus Ebner t'ha preparat un viatge meticulós i exacte. Un viatge que esdevé un cercle. I el teu només ha fet que començar. Passa la pàgina. La roda t'espera.

Forats

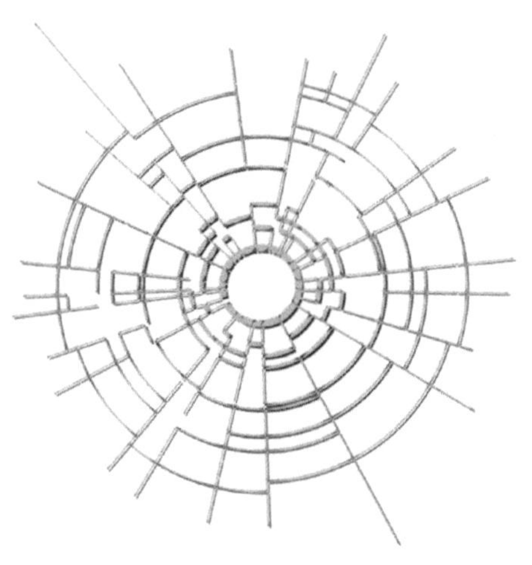

la mirada imaginada
amb les parpelles tancades a la recerca d'un pensament
furtiu
concentrar-me en mi mateix
ullar per un forat dins la muralla interna
tocar en l'aire el que s'amaga

amagatall fosc i mut
la llunyania és sorprenent
em caldran esforços espirituals
fins i tot corporals
em caldrà un ímpetu inesperat
i la voluntat ferma
per a recordar la
infància

l'infant en mi
em mira per la puntura dins la membrana
entre vetlla i somni
l'infant m'explica
que no estic abandonat
que no soc ni jueu ni assassí
que no soc ni jove ni vell
que no estic amenaçat
l'infant em pren per la mà
l'infant pregunta per què intento
retreure-m'ho

el meu retret inclourà una resposta
desempescaré les seves paraules
desembrollaré el no dit
veuré *alguna cosa*
al buit
veuré
alguna cosa al
buit

escriuré un llibre ple de buideses
marcaré alguns indrets específics
tastaré l'enorme obertura que trobaré
dins el no-res
voldré apropar-me a un estel mort
per verificar si és de debò el portal
a un nou món

el món imaginari gira al meu voltant
tot i que empro un telescopi
no puc reconèixer el teixit de fons
faig un esforç extraordinari
però
aquest planeta em sembla un món
perforat

cada perforació deixa passar la llum
ullades allí i allà
moviments independents
un mar de senyeres estelades
moments d'emoció
una muntanya de bones intencions
sentiré moviments lliures i sabré que
tota direcció implícita
serà relativa

la relativitat és la boca d'una ampolla
que empraré per ficar-hi tot l'inconegut
del meu passat i del futur
del passat i del futur dels pobles
cercaré un tap de cautxú flexible i adaptable
a les oscil·lacions relatives
de l'espaitemps

l'espaitemps paraula de reflexió
soc un element innat
no obstant això ignoro a quin instant
notaré l'atracció prou feble
que em traurà cap al bonó

passar per la bononera
sentir-me lleuger
líquid
entrar al lloc mateix
que amaga *alguna cosa*
sense saber a on tot durà
convertir-me en un altre jo
contemplar els punts foscos de l'ésser
amb més llibertat
amb el desig d'aclarir-los

aclareixo la veu
per estar preparat
explicaré l'essència de la política
que ningú no pot explicar
parlaré de la lògica geogràfica
de la qual ningú no pot parlar
exploraré la discriminació de pobles
que ningú no pot explorar
m'aixecaré
i veuré desaparèixer tota la veritat
cap al sobreeixidor de la raó

la raó entendrà l'estel central
el forat negre
que m'esperarà al baricentre del poemari
dins el nucli de la llengua
lliure de tota paraula
una pàgina verge que no tocaré mai

em cal tocar la matèria que m'envolta
per falta d'espiritualitat tocable
llavors m'engegaré

s'engegarà una fàbrica còsmica
des d'orificis restants partiran els darrers raigs
relluents i brillants
que m'ultrapassaran en tots costats i
celebraran la celeritat
estaré bocabadat
sense cap pressa admiraré la seva
bellesa

una bella gatonera
em servirà de ruta d'escapament
la seva mida minúscula serà per cert
suficient

amb suficiència prendré una ploma
escriuré poemes sense la justificació expectada
m'oposo als costums

la creació d'un costum renovador dins un mar
de regles que arreglen les normes de la regulació
la creació d'un costum em semblarà oportuna
si l'entorn arreglat no es mou

mouré
buscaré les peces constituents
els corpuscles fonamentals
en mi mateix
ja no importaran
els forats dins la textura
que en veritat són bretxes

serà una bretxa només la fuga
de la idea que voldré acomiadar
una bretxa benvinguda
dins un univers que es contreu

contreure la mida total
encaixar l'espaitemps sota
l'horitzó d'esdeveniments
m'estiraré eternament

els dits de l'eternitat
intenten agafar *alguna cosa*
es converteixen
obliden
esdevenen
llargs com
espaguetis
llargs
mo
lt
l
l
a
.
.
.

.

.

.

…mb
llargària
amb energia
amb un nou ímpetu fantàstic
una novíssima inflació s'engegà
dilatació sense lucidesa i so
des de l'oblit s'alçà un puny de foc
incolor

romania sense color
no hi havia cap llum
i l'*única cosa* que
percebí
era la foscor total
embullada en una velocitat fabulosa

la faula m'acompanyà
dugué les meves mans
donà la direcció als meus ulls
proposà un nou sentit a la meva incredulitat

no m'ho creguí durant tres mil segles
la meva celeritat incrementava
mentre es formaven ones i partícules
em sentí enmig de la fúria
quan la llum violà la meva ceguesa
intocable fins aquell punt
no pareix estrany que els científics
temptessin contínuament un forat de saviesa

els savis dissenyaren el món real
m'asseguí per estudiar els seus descobriments
coixins sobre les insuficiències de la infància
possibles aberracions
en la recerca de la identitat

palpar la identitat amb discreció
auscultar-la amb cura
observar el flux de la seva vida
flairar aquest perfum obsessiu
reconèixer els seus detalls perspicaços
abans que s'esvaeixi en un no-res

sempre interpretava el no-res
com el contrari d'un forat negre
la imaginació desenrotlla el seu més alt poder
dins el no-res
dins l'espai verge
mentre que la massa serrada darrere l'horitzó
d'esdeveniments
abraça la rigiditat absoluta dels versos eterns

els versos desencadenaren la neu
observava caure els flocs
la manera com suscitaven forats i
en masses
els omplien
entenguí de sobte que un forat era un buit
un lloc lliure un espiell un orifici
una finestra

a la finestra pensí en l'esclat inicial
llancí una pedra imaginària al damunt de teulades vi-
drades
descrites en un vers
festes amb focs artificials esclataren
borrosos records d'una infància forastera
amb una mica més d'esforç aconseguí perforar
la transparent coberta

toquí la sobrecoberta del meu llibre
l'estructura del teixit
el canvi d'un color a l'altre
la corba del llom
contemplí l'escriptura del títol
els bucles i esperons de les lletres
tanquí els ulls sabent
que havia enriquit l'interior amb omissions

l'omissió d'*alguna cosa*
em semblà impalpable
capritxosa
extravagant
indivisible com un nombre primer

els nombres es multiplicaren
i sense saber-ho
endevinaren l'eternitat

endevinar el contingut de l'obert
és com curar la dismnèsia
reconèixer *alguna cosa* dins el no-res
val la formació contínua de galàxies
endevinar l'inconegut
significa una aproximació a l'origen

cercar l'origen de la família
cercar l'origen del poble
cercar l'origen de la cultura
agafar les obvietats
col·leccionar les peces mancants
aprovar els elements imperfectes i danyats
estiguí preparant-me per mirar més enllà

enllà de la realitat
enllà de la imaginació
on les inspiracions començaren a tapar les puntures
em sorprengué la creació d'un llibre
els versos confluïren en harmonia
fins que sorgí un rierol brillant
vist de molt a prop es desvetllaren
múltiples estels

les estrelles perderen la recordança
de la gran explosió
transparència i llum ompliren la pèrdua
de la memòria
esborraren aquest forat de remembrança
l'espai prengué possessió dels encontorns
em sentí fascinat i em quedí mut

era la mudesa que proposava la clau
com no es pot equilibrar un forat sobre
la punta del dit
com no es pot ficar l'univers dins
una closca de nou
em tocà un acudit més integral que mai
les meves mans mogueren
sense que les hagués controlades
els meus pensaments corregueren amb la velocitat
d'un salt quàntic
es formà una sentència perfecta
tan sublim
que cada deficiència es transmutà en oblit

oblidar que les obertures consisteixen
en el no-res
acceptar la suposició que hi ha
alguna cosa
al centre al mig dins l'espai
mentre que les empremtes dels meus peus
deixaren inicis
se'm posà la qüestió de la gravetat

no em sap greu parlar
a un forat
dins el teixit de la memòria
a un forat
dins l'existència
parlo a un tu
a un tu que
no coneixia abans
tot i que fos present tostemps

la presència de la llum
em semblà irreversible
els camins foren predefinits en un sentit
que m'agradava
si em faltà la justificació usual per a escriure
poguí acceptar-ho com a desviació
i comencí a buscar el tu assíduament
potser en un altre llibre
perquè
la seva presència es manifestà en una síncope

estiguí palpant la síncope
del vespre calm
que havia passat amb el tu
en la unió màgica potser ja acabada
l'oblit absolut
aquest buit negre
em dugué lentament i amb molta cura
a la pèrdua de remordiments
i cap a una nova mirada ampliada

L'autor

Klaus Ebner va néixer el 1964 a Viena, Àustria. És narrador, assagista, poeta i traductor. És llicenciat en Filologia Romànica i Germànica, i en Traductologia (Universitat de Viena). Tot i que la major part de la seva obra és escrita en alemany, també escriu poemes en català.

Ha obtingut diferents premis de literatura, entre els quals destaquen el premi Wiener Werkstattpreis 2007, el segon premi de microrelats de l'associació Österreichischer Schriftstellerverband (Associació d'Escriptors Austríacs) l'any 2010 i el Premi de Poesia Parc Taulí 2014, amb el poemari *Blaus*.

www.klausebner.eu

Poemaris en català:
Vestigis, Madrid, 2019
Blaus/Bläuen, Lleida, 2015
Vermells/Röten, Urús, 2009

Assaig publicat en català:
Per què (... escric), Madrid, 2020

Vermells
SetzeVents Editorial
Urús, 2009

Blaus
Pagès Editors
Lleida, 2015

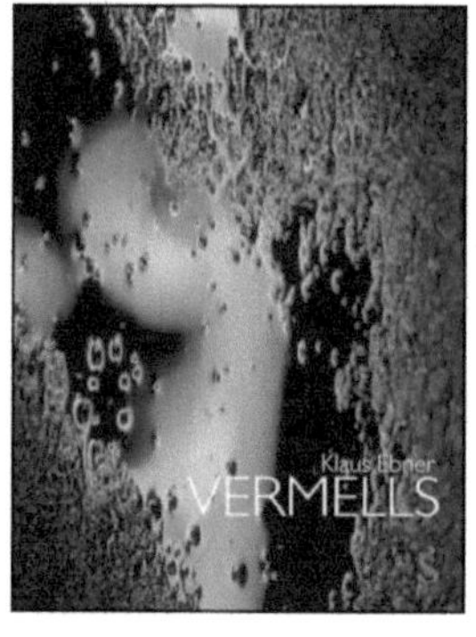

ISBN 978-84-92555109
Rústica amb solapes

ISBN 978-84-13266879
llibre electrònic

ISBN 978-84-99756271
Rústica amb solapes

Vestigis
BoD Espanya
Madrid, 2019

Per què (… escric)
BoD Espanya
Madrid, 2020

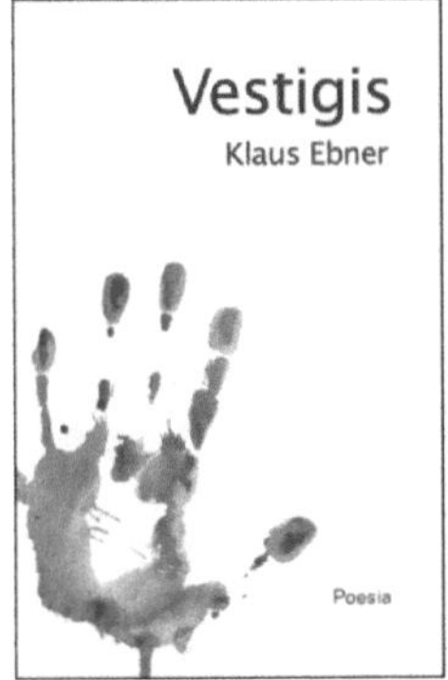

ISBN 978-84-99756271
tapa dura

ISBN 978-84-13267814
butxaca

ISBN 978-84-13261140
llibre electrònic

ISBN 978-84-13267104
butxaca

ISBN 978-84-13261317
llibre electrònic

La prologuista

Aina Torres Rexach va néixer el 1984 a Barcelona. És poeta, escriptora, periodista i gestora cultural. És llicenciada en Periodisme (UAB) i en Gestió Cultural (UB). Ha creat els espectacles poeticomusicals *La mirada violeta. Marçal i Roig*, que interpreta juntament amb la cantautora Meritxell Gené, *Després de la pluja*, que interpreta juntament amb el cantautor Jordi Montañez, i *Versos, jazz i incendis* en què recita poemes acompanyada del saxofonista Roger Martínez. També ha creat l'espectacle *Parlen les dones*, on recupera dones poetes d'arreu dels Països Catalans.

Ha obtingut el Premi de Poesia Martí Dot 2014, amb el poemari *Dos hiverns i un incendi*.

www.ainatorres.cat

Publicacions:
Dones Rebels. Històries contra el silenci, València, 2019
Baula de la nit, Lleida, 2018
Manual de Pedrolo, Barcelona, 2018
Montserrat Roig. La memòria viva, València, 2016
Dos hiverns i un incendi, Barcelona, 2014

Dos hiverns i un incendi
Viena Edicions
Barcelona, 2014

Montserrat Roig
La memòria viva
Sembra Llibres
València, 2016

ISBN 978-84-83308042
Rústica amb solapes

ISBN 978-84-16698097
Rústica amb solapes

Baula de la Nit
Pagès Editors
Lleida, 2018

Dones rebels
Històries contra el silenci
Sembra Llibres
València, 2019

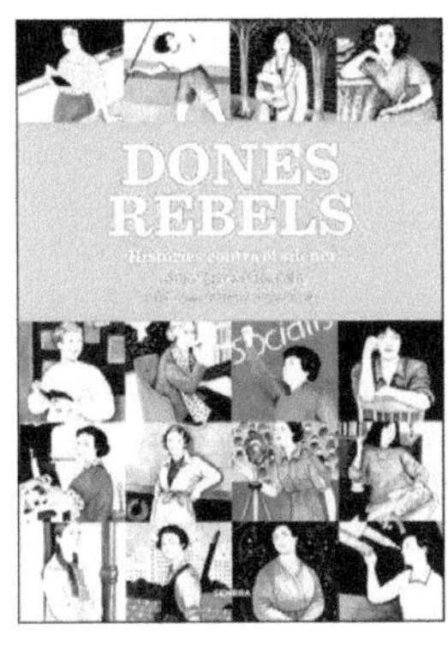

ISBN 978-84-13030043
Rústica amb solapes

ISBN 978-84-16698295
Rústica amb solapes

Contingut

Il·lustracions

P. 05: Dibuix per Alexas-Fotos a Pixabay
P. 11: Dibuix per OpenClipart-Vectors a Pixabay
P. 57: Dibuix per Clker-Free-Vector-Images a Pixabay
P. 59: Foto per Klaus Ebner
P. 63: Dibuix per OpenClipart-Vectors a Pixabay
P. 65: Foto per Aina Torres Rexach